Weisheiten aus Jahrtausenden

Hinweis des Herausgebers

Das vorliegende Buch, das 1928 erstmals veröffentlicht wurde, informiert über Methoden der Persönlichkeitsentwicklung, die auf alten Traditionen und persönlichen Erfahrungen der Autorin beruhen. Wer sie anwendet, tut dies in eigener Verantwortung. Der Herausgeber beabsichtigt nicht, Diagnosen zu stellen oder therapeutische Ratschläge zu geben. Die nachstehend beschriebenen Methoden sind keinesfalls als Ersatz für professionelle therapeutische Behandlung bei psychischen oder gesundheitlichen Problemen zu verstehen.

Florence Scovel Shinn

Dein Wort hat Macht und Magie

Your Word is Your Wand

aus dem Amerikanischen von

Günter W. Kienitz

Alle Rechte der Verbreitung durch Schriften, Fernsehen, Funk, Film, Video, und fotomechanische oder digitale Verfahren sowie durch zukünftige Medien und für die Übersetzung sind vorbehalten.
Florence Scovel Shinn: Dein Wort hat Macht und Magie
Titel der Originalausgabe: Your Word is Your Wand
1. Auflage: November 2016
© 2016 by Günter W. Kienitz
Internet: weisheiten-aus-jahrtausenden.de

Bibliografische Information der Deutschen Nationalbibliothek:
Die Deutsche Nationalbibliothek verzeichnet diese Publikation in der Deutschen Nationalbibliografie; detaillierte bibliografische Daten sind im Internet über http://dnb.dnb.de abrufbar.

Umschlaggestaltung: Bettina Kienitz unter Verwendung des Bildes *Zwei Mädchen auf einer Wiese* von Pierre-Auguste Renoir
Kalligrafische Vignetten: Freepik

© 2016
Herstellung und Verlag: BoD – Books on Demand, Norderstedt

ISBN: 978-3-7431-0120-3

Inhaltsverzeichnis

Über dieses Buch 7
Dein Wort ist Dein Zauberstab 10
Erfolg 13
Wohlstand 22
Liebe 29
Ehe 31
Vergebung 33
Worte der Weisheit 34
Glaube 38
Verlust 46
Schulden 48
Verkäufe 50
Vorstellungsgespräche 51
Hinweise 52
Schutz 54
Gedächtnis 55
Der Göttliche Lebensplan 56
Gesundheit 59
Augen 61
Anämie 63
Ohren 64
Rheumatismus 65
Wucherungen 66

Herzleiden	67
Tiere	68
Die Elemente	69
Feuer	69
Dürre	70
Stürme	70
Reisen	71
Verschiedenes	72
Nichts ist zu gut, um wahr zu sein	81
Ausklang	81
Über die Autorin	83

Über dieses Buch

Mehr als mit irgendeinem anderen Menschen, reden wir mit uns selbst. Wir führen ständig Selbstgespräche, auch wenn wir uns dessen nicht immer bewusst sind und die inneren Dialoge zeitweise nur als Hintergrundrauschen oder gar nicht wahrnehmen.

Mit diesen internen Zwiegesprächen beschreiben, affirmieren, schaffen und gestalten wir unsere Welt und unsere Lebensumstände.

Ein Beispiel: Sie haben eine wichtige Besprechung in der Firma gleich zu Arbeitsbeginn und wollen um jeden Preis pünktlich erscheinen. Gleich beim Aufstehen geht es los: „Ich darf heute auf keinen Fall zu spät kommen", sagen Sie sich in Gedanken.

Diesen und ähnliche Sätze wiederholen Sie innerlich wieder und wieder. Dass Sie in den vergangenen Monaten nicht ein einziges Mal unpünktlich am Arbeitsplatz erschienen sind, haben Sie in Ihrer Aufregung völlig vergessen. Heute zählt für Sie nur eines: bloß nicht zu spät kommen!

Ihre Aufmerksamkeit ist auf eine Sache fixiert: aufs Zuspätkommen. Damit füttern Sie Ihr Unbewusstes, das Ihre Sorge zu einer simplen Information zusammenfasst: zu spät kommen. Weil es sein Job ist, Ihre Anweisungen blind auszuführen, wird es alles tun, damit Sie tatsächlich zu spät kommen. Sie kennen das: die Kaffeemaschine läuft über, der Toaster streikt, Ihr Handy ist nicht da, wo es sein sollte, der Schlüssel rutscht Ihnen aus der Hand und verkriecht sich unter dem Schuhregal, der Wagen springt nicht an, etc. - Dinge, die passieren können, Ihnen aber ewig nicht passiert sind.

Und natürlich kommen Sie zu spät an diesem verflixten Morgen, den Sie sich, ohne sich darüber im Klaren zu sein, durch Ihre Gedanken selbst eingebrockt haben. Hätten Sie stattdessen: „Ich bin heute so pünktlich wie jeden Tag" affirmiert, hätte Ihnen Ihr Unbewusstes – genauso blind – auch diesen Wunsch erfüllt.

„Dein Wort ist Dein Zauberstab", schreibt Florence Scovel Shinn, und meint damit: Was Sie denken und sagen, hat Auswirkungen auf Ihre Lebensumstände – positive oder negative, je nachdem, was sie erwarten oder befürchten.

Dass Gedanken Wirkung haben, ist uns immer dann bewusst, wenn wir sie aussprechen, um ein Gegenüber zu etwas zu veranlassen. Wenn Sie beispielsweise sagen: „Heute bist du aber mal dran, den Müll rauszubringen!", dann erwarten Sie, dass etwas geschieht und der Abfall in der Tonne landet.

Über unausgesprochene Gedanken dagegen macht sich kaum jemand Gedanken, weil sie allgemein als wirkungslos betrachtet werden. Ein weitverbreiteter Irrtum.

Gedanken sind nachhaltig. Sie lösen sich nicht etwa in Nichts auf, sondern bleiben in Ihrem Unbewussten erhalten und beeinflussen von dort aus unbemerkt und unkontrolliert Ihr Denken, Ihr Handeln, Ihren körperlichen Zustand und Ihre Wahrnehmung. Sie wirken also, und manchmal über sehr lange Zeit. Wenn Sie hin und wieder etwas tun, von dem Sie hinterher selbst nicht verstehen, warum, dann hat das Ihr Unbewusstes veranlasst.

Florence Scovel Shinn, eine bekannte metaphysische Lehrerin und Lebensberaterin ihrer Zeit, deren Einfluss auch in der heutigen Erfolgsliteratur noch deutlich spürbar ist, erklärt in dem vorliegenden Buch, wie sich Ihre Gedanken und Worte in der äußeren Welt manifestieren, und wie Sie mit Affirmationen Ihre Lebensumstände bewusst zu Ihrem Vorteil beeinflussen und gestalten können. Um ihre Aussagen zu illustrieren, greift die Autorin auf Anekdoten aus dem eigenen Umfeld und vor allem auf Zitate aus der Heiligen Schrift zurück. Dazu liefert sie zahlreiche Affirmationen aus ihrer täglichen Praxis.

Gehen Sie kreativ damit um - sie sind nicht in Stein gemeißelt - und passen Sie sie so Ihren Lebensumständen an, dass sie sich stimmig anfühlen und für Sie glaubwürdig sind. Schreiben Sie sich die Affirmationen, die Sie am meisten ansprechen, am besten auf kleine Karten ab, die Sie immer griffbereit haben.

Dass das Buch fast hundert Jahre nach der Erstveröffentlichung heute ein wenig antiquiert klingt, tut dem zeitlosen Wert der Kernaussagen keinen Abbruch, erleichtert es Ihnen durch den Abstand zu Ihrem alltäglichen Leben aber, dem Inhalt offen gegenüber zu stehen. Sie werden feststellen, dass Ihr skeptischer Verstand Wunder in ferner Vergangenheit viel bereitwilliger akzeptiert, als Wunder in der Jetztzeit. Und der Text animiert Sie zu gründlichem Nachdenken, weil sich Ihnen nicht alles, was Sie hier lesen, sofort und automatisch erschließt.

Wie für jegliche Literatur zur Persönlichkeitsentwicklung gilt natürlich auch für dieses Buch: Mit dem Lesen allein ist es nicht getan. Erfolge werden Sie erst dann erzielen, wenn Sie den Inhalt beherzigen und bewusst in Ihr Leben integrieren. Sobald Ihnen das gelungen ist, können Sie sich auf Ihr erstes Wunder freuen, das Sie mit der Macht und Magie Ihres Wortes bewirkt haben.

Ich wünsche Ihnen einen offenen Geist, viel Erfolg und ein Leben, wie Sie es sich wünschen!

November 2016 – Günter W. Kienitz

Dein Wort ist Dein Zauberstab

Des Menschen Wort ist sein Zauberstab,
gefüllt mit Macht und Magie!

Jesus Christus betont die Macht des Wortes: „Denn aus deinen Worten wirst du gerechtfertigt werden, und aus deinen Worten wirst du verdammt werden"[1], und „Tod und Leben sind in der Gewalt der Zunge."[2]

Der Mensch hat also die Macht, unglückliche Umstände zu ändern, indem er den Zauberstab seines Wortes darüber schwingt.

Anstelle von Sorge erscheint Freude, anstelle von Krankheit manifestiert sich Gesundheit, und anstelle von Mangel breitet sich Fülle aus.

Ein Beispiel: Eine Frau kam zu einer Behandlung für Wohlstand zu mir. Alles Geld, das sie besaß, waren zwei Dollar.

Ich sagte: „Wir segnen die beiden Dollar und wissen, dass Sie die magische Geldbörse des Geistes besitzen. Diese Börse kann niemals geleert werden. Wenn Geld ausgegeben wird, kommt sofort neues nach – unter Gnade und auf perfekte Weise.

Ich sehe, dass sie immer prall gefüllt mit Geld ist: mit gelben und grünen Scheinen, rosa, blauen und weißen Schecks, mit Gold, Silber und Münzen. Ich sehe, die Börse ist so voll, dass sie fast aus allen Nähten platzt!"

Sie antwortete: „Ich fühle, dass meine Tasche schwer von Geld ist", und war von solchem Glauben erfüllt, dass sie mir einen ihrer beiden Dollar als Spende gab. Ich wagte nicht, das Geld abzulehnen und da-

---

1   Matthäus 12,37 – Elberfelder Bibel 1905
2   Sprüche 18,21 – Elberfelder Bibel 1905

mit Mangel für sie zu sehen, weil es wichtig war, dass ich an einem Bild der Fülle festhielt.

Bald darauf erhielt sie sechstausend Dollar als Geschenk. Das hatten furchtloser Glaube und das gesprochene Wort bewirkt.

Die Affirmation der magischen Geldbörse ist sehr machtvoll, weil sie dem Bewusstsein ein lebhaftes Bild vermittelt. Es ist unmöglich, kein Bild davon vor Augen zu haben, wie sich Ihre Geldbörse oder Brieftasche mit Geld füllt, wenn Sie die Worte „prall gefüllt mit Geld" affirmieren.

Unser Vorstellungsvermögen ist unsere schöpferische geistige Fähigkeit, und es ist sehr wichtig, Worte zu wählen, die ein Bild von der Erfüllung unserer Wünsche bewirken.

Erzwingen Sie nie ein bestimmtes Bild, indem Sie es visualisieren. Lassen Sie stattdessen die göttliche Idee in Ihrem Bewusstsein aufblitzen. Denn so wirkt der Schüler in Einklang mit dem göttlichen Design.[3]

Jesus Christus sagte: „Und ihr werdet die Wahrheit erkennen, und die Wahrheit wird euch frei machen."[4]

Das bedeutet, dass der Mensch die Wahrheit jeder Situation kennen muss, mit der er konfrontiert wird.

Es liegt keine Wahrheit in Mangel oder Begrenztheit. Der Mensch schwingt den Zauberstab seines Wortes darüber und die Wüste erwacht zum Leben und erblüht wie eine Rose.

Furcht, Zweifel, Sorge, Ärger und Feindseligkeit schädigen die Zellen des Körpers, erschüttern das Nervensystem und sind Ursache von Krankheit und Unglück.

Glück und Gesundheit müssen verdient werden durch die absolute Kontrolle der emotionalen Natur.

---

3   Mehr dazu in: „Das Lebensspiel und wie man es spielt"
4   Johannes 8,32 – Elberfelder Bibel 1905

Macht bewegt, wird aber nie bewegt. Wenn ein Mensch auch dann heiter und gelassen bleibt, glücklich und zufrieden ist und guten Appetit hat, wenn sich äußere Umstände gegen ihn richten, hat er die Meisterschaft erreicht. Dann hat er die Macht, „die Winde zu bedrohen und den See"[5], also die Umstände zu kontrollieren.

Sein Wort ist sein Zauberstab und verwandelt seinen scheinbaren Misserfolg in einen Erfolg. Er weiß, dass seine Versorgung in jeder Hinsicht unerschöpflich ist und unmittelbar erfolgt, und dass sich alles, was er benötigt, prompt in der äußeren Welt manifestiert.

Eine Frau, die sich auf See befand, wachte zum Beispiel eines Morgens auf, weil sie ein Nebelhorn hörte. Dichter Nebel lag über dem Meer und es sah gar nicht danach aus, dass er sich lichten würde. Sofort sprach sie das Wort. „Im Göttlichen Bewusstsein gibt es keinen Nebel, deshalb wird sich der Nebel auflösen! Ich bedanke mich für die Sonne!"

Kurz darauf kam die Sonne heraus, weil der Mensch „die Elemente und alle geschaffenen Dinge beherrscht."

Jeder Mensch hat die Macht, den Nebel in seinem Leben aufzulösen, egal ob er als Mangel an Geld, Liebe, Glück oder Gesundheit über seinem Leben liegt.

Bedanken Sie sich für die Sonne!

---

5   In Anlehnung an Matthäus 8,26

Erfolg

Es sind bestimmte Worte oder Bilder, die sich dem Unbewussten besonders gut einprägen.

Ein Beispiel: Ein Mann bat mich, das Wort für den richtigen Job für ihn zu sprechen.

Ich gab ihm das Statement: „Siehe, ich habe eine geöffnete Tür vor dir gegeben, die niemand zu schließen vermag."[6]

Es schien keinen großen Eindruck auf ihn zu machen, deshalb empfahl ich ihm hinzuzufügen: „Und niemand kann sie schließen, weil sie mit Nägeln fixiert offen gehalten wird!"

Der Mann war wie elektrisiert und stolzierte auf Wolken hinaus. Innerhalb weniger Wochen zog er in eine weit entfernte Stadt, um dort eine hervorragende neue Stelle anzutreten, zu der er auf wundersame Weise gekommen war.

Ich erzähle Ihnen als weiteres Beispiel von einer Frau, die furchtlos einer „Ahnung" folgte.

Sie arbeitete als Angestellte für ein bescheidenes Gehalt, als sie mein Buch *Das Lebensspiel und wie man es spielt*[7] in die Hand bekam und las. Bei der Lektüre kam ihr plötzlich der Gedanke in den Sinn, selbst ins Geschäftsleben einzusteigen und eine Teestube mit angeschlossenem Süßwarenladen zu eröffnen.

Anfangs war die Frau unschlüssig, ob sie auf die Idee tatsächlich einsteigen sollte. Doch weil sie der Gedanke daran nicht mehr losließ, nahm sie all ihren Mut zusammen und suchte sich einen Laden und Mitarbeiter.

---

6 Offenbarung 3,8 – Elberfelder Bibel 1905
7 Florence Scovel Shinn: The Game of Life and How to Play It

Sie „sprach das Wort für Versorgung", weil sie nicht genug Geld besaß, um ihr Projekt zu finanzieren. Das Geld kam ihr auf wunderbare Weise zu, und sie eröffnete ihr Geschäft!

Ihr Laden war vom ersten Tag an voll mit Leuten, und mittlerweile ist er so gut besucht, dass die Kunden vor der Tür des Geschäftes Schlange stehen.

Eines Tages, es war ein Feiertag, war die Stimmung ihrer Mitarbeiter gedrückt. Sie erklärten der Frau, sie rechneten damit, dass das Geschäft an diesem Tag schlecht laufen würde. Doch meine Schülerin antwortete ihnen unbeeindruckt, dass Gott ihre Versorgung und deshalb jeder Tag ein guter Tag sei.

Am Nachmittag kam ein alter Freund im Laden vorbei und kaufte eine Kilo-Packung Konfekt. Er gab ihr einen Scheck, und als sie einen Blick darauf warf, stellte sie fest, dass dieser über einhundert Dollar ausgestellt war. Es war also tatsächlich ein sehr guter Tag! Einhundert Dollar für eine Packung Pralinen!

Sie betritt Ihren Laden, so hat sie mir erzählt, jeden Morgen in Erwartung von Wundern und bedankt sich dafür, dass sie den furchtlosen Glauben besitzt, der gewinnt!

Affirmationen

Alles ist bereit für Göttliche Aktion, und was mir zusteht, kommt jetzt unter Gnade und auf magische Weise zu mir.

∘ ∘ ∘

Ich lasse jetzt alle ausgedienten Lebensumstände
und nutzlos gewordenen Dinge los.
In meinem Geist, meinem Körper und
meinen Angelegenheiten herrscht Göttliche Ordnung.
„Siehe, ich mache alles neu!"[8]

o o o

Das Gute für mich, das unmöglich schien,
wird nun Wirklichkeit; das Unerwartete geschieht jetzt!

o o o

Die „vier Winde des Erfolgs" wehen jetzt,
was mir zusteht, in meine Richtung.
Gutes ohne Ende kommt aus
Norden, Süden, Osten und Westen zu mir.

o o o

Christus in mir ist auferstanden
und ich erfülle jetzt meine Bestimmung.

o o o

Gutes kommt jetzt ohne Ende auf zahllosen Wegen zu mir.

o o o

Ich schlage meine Zimbeln und jubiliere, denn Jehova geht vor mir
her und bahnt mir den Weg - deutlich, mühelos und erfolgreich!

o o o

Ich danke für meinen stürmischen Erfolg.

o o o

---

8 Offenbarung 21,5 – Elberfelder Bibel 1905

Ich fege alles vor mir aus dem Weg,
denn ich wirke mit dem Geist
und folge dem Göttlichen Plan meines Lebens.

○ ○ ○

Mein spiritueller Sportsgeist ist erwacht!
Ich bin dieser Situation mehr als gewachsen.
Ich bin mir meines Wohlstandes bewusst
und bringe die Ernte zahlloser Gelegenheiten ein.

○ ○ ○

Ich bin im Einklang, bereit und magnetisch.
Ich ziehe nun an, was mir zusteht.
Meine Macht ist die Macht Gottes,
der nichts und niemand widersteht!

○ ○ ○

In meinem Geist, meinem Körper und meinen
Angelegenheiten herrscht jetzt göttliche Ordnung.
Ich sehe klar und handle rasch, und meine größten
Erwartungen erfüllen sich auf wunderbare Weise.

○ ○ ○

Auf der spirituellen Ebene gibt es keinen Wettbewerb.
Was mir rechtmäßig zusteht, wird mir unter Gnade zuteil.

○ ○ ○

Ich habe in mir ein unentdecktes Land,
das mir jetzt im Namen Jesu Christi offenbart wird.

○ ○ ○

„Siehe, ich habe dir die offene Tür zu deiner Bestimmung
gegeben, die niemand schließen kann,
weil sie von Nägeln offen gehalten wird!"[9]

Der Gezeitenstrom der Bestimmung hat
die Richtung gewechselt und alles fließt mir zu.

Ich verbanne die Vergangenheit und
lebe nun im wundervollen Jetzt, wo mich jeden Tag
glückliche Überraschungen erwarten.

○ ○ ○

Im Göttlichen Bewusstsein
gibt es keine verpassten Gelegenheiten,
denn wo sich eine Tür schließt, öffnet sich eine andere.

○ ○ ○

Ich habe wundersamerweise
den Job meiner Träume entdeckt.
Ich leiste hervorragende Arbeit,
und die Bezahlung ist perfekt.

○ ○ ○

Das Genie in mir ist jetzt freigesetzt und
ich werde nun meine Bestimmung erfüllen.

○ ○ ○

Ich schließe Freundschaft mit Hindernissen,
und jede Hürde wird mir zum Sprungbrett.
Alles im Universum, ob sicht- oder unsichtbar,
wirkt zusammen daran, mir zu bringen, was meines ist.

---

[9] In Anlehnung an Offenbarung 3,8

Ich sage Dank dafür, dass die Mauern Jerichos fallen
und Mangel, Beschränkung und Misserfolg jeglicher Art
im Namen Jesu Christi aus meinem Bewusstsein getilgt werden.

o o o

Ich befinde mich nun auf dem königlichen
Weg des Erfolgs, des Glücks und der Fülle,
auf dem sich alles zu meinen Gunsten bewegt.

o o o

Ich werde nicht müde, das Rechte zu tun,
denn ich werde ernten, wenn ich es am wenigsten erwarte.

Jehova schreitet mir voran, und die Schlacht ist gewonnen!
Alle feindlichen Gedanken sind ausgelöscht.
Ich erringe den Sieg im Namen Jesu Christi.

o o o

Göttliches Bewusstsein kennt keine Hindernisse, deshalb
gibt es nichts, was meinem Wohlergehen im Wege steht.

o o o

Alle Hindernisse verschwinden jetzt von meinem Weg.
Türen öffnen sich, Schranken heben sich, und unter Gnade
betrete ich das Königreich der Erfüllung.

o o o

Rhythmus, Harmonie und Ausgeglichenheit beherrschen jetzt
meinen Geist, meinen Körper und alle meine Angelegenheiten.

o o o

Neue Felder göttlicher Aktivität breiten sich jetzt vor mir aus, und diese Felder sind reif für die Ernte.

o o o

Des Menschen Wille ist gegen Gottes Willen machtlos. Gottes Wille geschieht jetzt in meinem Geist, meinem Körper und meinen Angelegenheiten.

o o o

Gottes Plan für mich ist beständig und lässt sich nicht umgehen. Ich bin und bleibe meiner himmlischen Vision treu.

o o o

Der Göttliche Plan für mein Leben nimmt nun in klaren, konkreten Ereignissen Form an, die mich zur Erfüllung meines Herzenswunsches führen.

o o o

Ich schöpfe aus der Universellen Substanz jetzt mit unwiderstehlicher Kraft und Entschlossenheit all das, was mir nach Göttlichem Recht zusteht.

o o o

Ich widersetze mich dieser Situation nicht, sondern lege sie in die Hände der unendlichen Liebe und Weisheit. Lasse die Göttliche Idee jetzt Wirklichkeit werden.

o o o

Gutes, auf das ich ein Anrecht habe, strömt mir jetzt als ständiger, nie versiegender Fluss von Erfolg, Glück und Fülle zu.

o o o

Im Königreich gibt es keine verpassten Gelegenheiten.
Wenn sich eine Tür schließt, öffnet sich eine andere.

o o o

„Es gibt nichts zu fürchten,
weil es keine Macht gibt, die schaden kann."
Ich gehe auf den Löwen auf meinem Weg zu und
finde einen gewappneten Engel und
meinen Sieg im Namen Jesu Christi.

o o o

Ich befinde mich mit dem Wirken des Gesetzes in perfekter Harmonie. Ich trete beiseite und lasse den Unendlichen Geist auf einfache Weise und mit Erfolg den Weg für mich bahnen.

Der Grund, auf dem ich stehe, ist heiliger Boden; der Grund, auf dem ich stehe, ist Land, auf dem Erfolg gedeiht.

o o o

Neue Felder göttlicher Aktivität breiten sich jetzt vor mir aus.
Türen schwingen unerwartet auf und Kanäle öffnen sich unverhofft.

o o o

Was Gott für andere getan hat,
kann er auch für mich tun – und mehr!

o o o

Ich bin für Gott so unentbehrlich, wie er für mich, denn
ich bin der Kanal, durch den er seinen Plan in die Tat umsetzt.

o o o

Ich setze Gott keine Schranken,
indem ich Beschränkungen in mir selbst sehe.
Mit Gott und mir ist alles möglich.

○ ○ ○

Geben geht dem Erhalten voraus, und Geschenke, die ich
anderen mache, gehen Gottes Geschenken für mich voraus.

○ ○ ○

Jeder Mensch ist ein goldenes Glied in der Kette meines Wohles.

○ ○ ○

Meine Selbstsicherheit ist auf Fels gebaut.
Ich sehe klar und handle rasch.

○ ○ ○

Gott kann nicht scheitern, also kann auch ich nicht versagen.
„Der Kämpfer in mir" hat bereits gesiegt.

Dein Reich komme zu mir; dein Wille geschehe
in mir und allen meinen Angelegenheiten.[10]

---

10 In Anlehnung an Matthäus 6,10

Wohlstand

Der Mensch kommt von Gott gesponsert auf die Welt, und alles, was er benötigt oder sich wünscht, steht schon auf seinem Weg für ihn bereit.

Seine Versorgung wird durch seinen Glauben und das gesprochene Wort abgerufen.

„Wenn du könntest glauben! Alle Dinge sind möglich dem, der da glaubt."[11]

Ein Beispiel: Eines Tages kam eine Frau zu mir, um mir von einem Erfolg mit einer Affirmation zu berichten, die sie meinem Buch *Das Lebensspiel und wie man es spielt* entnommen hatte.

Sie hatte zwar keine Erfahrung, wollte aber unbedingt eine gute Rolle auf der Bühne. So wählte sie die Affirmation: „Unendlicher Geist, mache den Weg zu großer Fülle für mich frei. Ich bin ein unwiderstehlicher Magnet für all das, was mir nach Göttlichem Recht zusteht."

Sie bekam eine tragende Rolle in einer erfolgreichen Oper.

„Es war ein Wunder", sagte sie, „und ich verdanke es dieser Affirmation, die ich hunderte Male wiederholt habe."

---

11   Markus 9,23 – Luther-Bibel 1912

Affirmationen

Ich schöpfe jetzt aus der Fülle der Sphären
meine sofortige und endlose Versorgung.

Alle Kanäle sind frei!
Alle Türen stehen offen!

Ich öffne nun die Goldmine in mir. Ich bin mit einem
endlosen goldenen Strom des Wohlstands verbunden,
der mir unter Gnade und auf perfekte Weise zufließt.

o o o

Güte und Gnade werden mir alle Tage meines Lebens folgen,
und ich werde für immer im Haus der Fülle wohnen.

o o o

Mein Gott ist ein Gott der Fülle, und ich erhalte jetzt alles,
was ich brauche und mir wünsche - und mehr.

o o o

Alles, was mir nach göttlichem Recht zusteht,
wird jetzt freigesetzt und überflutet mich mit Fülle,
unter Gnade und auf magische Weise.

o o o

Meine Versorgung ist endlos und unerschöpflich und kommt
unmittelbar und unter Gnade auf perfekte Weise zu mir.

o o o

Alle Kanäle sind frei und alle Türen öffnen sich weit für meine sofortige und endlos währende, göttlich geplante Versorgung.

○ ○ ○

Meine Schiffe kommen über ruhige See herein, unter Gnade und auf perfekte Weise.

○ ○ ○

Ich sage Dank dafür, dass die Millionen, die mir nach Göttlichem Recht zustehen, nun hereinströmen und sich anhäufen, unter Gnade und auf perfekte Weise.

○ ○ ○

Türen schwingen unerwartet auf, verborgene Kanäle öffnen sich unverhofft und immerwährende Wogen der Fülle werden über mich ausgegossen, unter Gnade und auf perfekte Weise.

○ ○ ○

Von Inspiration geleitet, gebe ich Geld weise und furchtlos aus, da ich weiß, dass meine Versorgung grenzenlos ist und unmittelbar erfolgt.

○ ○ ○

Ohne Furcht lasse ich Geld los, wohl wissend, dass Gott meine unmittelbare und unbeschränkte Versorgung ist.

In dem wundervollen Film *Der Dieb von Bagdad*[12] wurde uns in flammender Schrift erklärt, dass ein glückliches Leben verdient werden muss!

Man verdient es sich durch perfekte Beherrschung der emotionalen Natur.

Unter ständiger Angst, Furcht und Sorge kann kein glückliches Leben entstehen und gedeihen. Doch ein unerschütterlicher Glaube an Gott verleiht dem Menschen ein Gefühl der Sicherheit und des Glücks.

Wenn dem Menschen erst einmal bewusst ist, dass es eine unbezwingbare Macht gibt, die ihn und alle, die er liebt, beschützt, und ihm all seine rechtschaffenen Herzenswünsche erfüllt, lösen sich seine nervösen Anspannungen auf, und er ist glücklich und zufrieden.

Er bleibt unbehelligt von negativen Erscheinungen in dem Bewusstsein, dass der unendliche Geist seine Interessen schützt und dazu jede Situation nutzt, Dinge zu seinem Wohl geschehen zu lassen.

„Ja, ich mache durch die Wüste einen Weg, Ströme durch die Einöde."[13]

○ ○ ○

Unruhig liegt der Kopf mit finsterem Blick. Groll, Missgunst, Feindseligkeit, Neid und Rachegelüste berauben den Menschen seines Glücks und verursachen Krankheit, Misserfolg und Armut.

Missgunst und Verbitterung haben mehr Beziehungen und Familien zerstört, als Alkohol, und mehr Menschen getötet, als Kriege.

Ein Beispiel: Eine Frau, gesund und glücklich, war mit einem Mann verheiratet, den sie liebte.

Der Mann starb und hinterließ einen Teil seines Vermögens einem Verwandten. Die Frau war voller Groll und Verbitterung. Sie verlor

---

12 Der Dieb von Bagdad – Hollywood-Stummfilm von 1924 mit Douglas Fairbanks
13 Jesaja 43,19 – Elberfelder Bibel 1905

Gewicht, wurde arbeitsunfähig, entwickelte Gallensteine und wurde schwer krank.

Eines Tages bekam sie Besuch von einem Metaphysiker. Er sagte: „Gute Frau, sehen Sie nur, was Hass und Missgunst mit Ihnen gemacht haben. Sie sind die Ursache dafür, dass sich in Ihrem Körper harte Steine gebildet haben, und nur Vergebung und Güte können Sie heilen."

Die Frau erkannte die Wahrheit in dem, was er sagte. Sie wurde ausgeglichen, nachsichtig und versöhnlich, und erfreute sich schließlich wieder bester Gesundheit.

Affirmationen

Ich werde jetzt mit dem Glück überflutet,
das von Anfang an für mich geplant war.
Meine Speicher sind voll, und mein Herz fließt vor Freude über.

o o o

Mein grenzenloses Wohl kommt jetzt
auf endlosen Wegen zu mir.

o o o

Ich bin von wundervoller Freude
über einen wunderbaren Tag erfüllt,
und diese Freude wird ewig währen.

o o o

Jeden Tag erwarten mich glückliche Überraschungen.
„Ich blicke voller Staunen auf das, was vor mir liegt."

o o o

Beherzt gehe ich auf den Löwen,
der auf meinem Weg steht, zu und stelle fest,
dass er ein freundlicher Airedale Terrier ist.

o o o

Ich bin ausgeglichen und glücklich und strahle
vor Freude, befreit von der Tyrannei der Angst.

o o o

Mein Lebensglück ist auf Fels gebaut.
Es ist meines, jetzt und in alle Ewigkeit.

o o o

Mein Gutes fließt mir jetzt in einem unablässigen,
ständig anschwellenden Strom des Glücks zu.

o o o

Mein Lebensglück ist Gottes Sache,
deshalb kann ihm niemand im Wege stehen.

o o o

Weil ich eins bin mit Gott, bin ich jetzt
eins mit meinem Herzenswunsch.

o o o

Ich bedanke mich für mein permanentes Lebensglück,
meine dauerhafte Gesundheit, meinen anhaltenden
Wohlstand und meine endlose Liebe.

Ich bin im Einklang, glücklich und ein göttlicher Magnet,
und ziehe nun meine Schiffe an,
die über ruhige See zu mir kommen.

° ° °

Gottes Ideen für mich sind perfekt und beständig.

° ° °

Mein Herzenswunsch ist eine perfekte Idee
- integer und unverwüstlich - im Göttlichen Geist,
und wird nun unter Gnade und
auf magische Weise Wirklichkeit.

Liebe

Mit der Liebe geht gewöhnlich schreckliche Angst einher. Beinahe jede Frau kommt mit einer mythischen Frau im Hintergrund ihres Bewusstseins auf die Welt, dazu da, sie ihrer Liebe zu berauben.

Sie wird gerne „die andere Frau" genannt. Natürlich hat sie ihren Ursprung im Glauben der Frauen an die Dualität. So lange eine Frau eine Beziehungskrise visualisiert, wird diese auch eintreten.

Es ist für eine Frau normalerweise sehr schwierig, sich selbst von dem Mann geliebt zu sehen, den sie liebt. Sinn und Zweck der folgenden Affirmationen ist es deshalb, ihrem Unbewussten die Wahrheit ihrer Situation einzuprägen, denn in Wirklichkeit gibt es nur Einsheit.[14]

---

14 Mehr dazu in: „Das Lebensspiel und wie man es spielt"

Affirmationen

Da ich eins mit Gott bin, dem ungeteilten Einen,
bin ich auch eins mit meiner ungeteilten Liebe
und meinem ungeteilten Glück.

◦ ◦ ◦

Das Licht des Christus in mir löscht nun alle Furcht,
jeden Zweifel, allen Groll und jegliche Missgunst aus.
Gottes Liebe durchströmt mich, eine unwiderstehliche
magnetische Energie. Ich sehe nur Perfektion
und ziehe an, was mir zusteht.

◦ ◦ ◦

Göttliche Liebe, die mich durchströmt,
löst alle scheinbaren Hindernisse auf und
bahnt meinen Weg klar, einfach und erfolgreich.
Ich liebe jedermann und jedermann liebt mich.
Mein scheinbarer Feind wird mein Freund und
ein goldenes Glied in der Kette meines Wohles.

◦ ◦ ◦

Ich bin im Frieden mit mir selbst und der ganzen Welt.
Ich liebe jeden Menschen und jeder Mensch liebt mich.
Die Schleusen zu meinem Wohl öffnen sich jetzt.

Ehe

Solange eine Ehe nicht auf dem Fels des Einsseins gebaut ist, kann sie nicht bestehen. „Zwei Seelen und ein Gedanke, zwei Herzen und ein Schlag!"[15]

Der Dichter hat das verstanden, denn solange Mann und Frau nicht dieselben Gedanken hegen (oder – anders ausgedrückt – in derselben Gedankenwelt leben), müssen sie unweigerlich auseinander driften.

Gedanken sind mächtige schwingende Energien, und der Mensch wird von seinen gedanklichen Schöpfungen angezogen.

Ein Beispiel: Ein Mann und eine Frau heirateten und waren offensichtlich glücklich. Der Mann wurde erfolgreich und seine Ansprüche stiegen, doch seine Frau lebte weiterhin in einem beschränkten Bewusstsein.

Jedes Mal, wenn der Mann etwas kaufte, ging er in die besten Geschäfte und suchte sich aus, was er brauchte, ohne auf den Preis zu schauen.

Wenn immer die Frau jedoch Einkaufen ging, stöberte sie in den Fünf- und Zehn-Cent-Läden. Er lebte (in Gedanken) auf der Fifth Avenue[16] und ihr Denken bewegte sich in der Third Avenue.

Schließlich kam es zum Bruch zwischen den beiden und zur Trennung.

So etwas beobachten wir sehr oft bei reichen und erfolgreichen Männern, die sich später im Leben von ihren treu ergebenen, hart arbeitenden Frauen trennen.

---

15 Aus dem Drama „Der Sohn der Wildnis" des österreichischen Dichters Friedrich Halm (1806 - 1871)
16 Teure Einkaufsstraße in Manhattan, New York City

Die Frau muss mit den Ansprüchen und Ambitionen ihres Mannes in der Welt des Denkens Schritt halten, denn da, wo der Mensch sich im Geiste sieht, befindet er sich.

Es gibt für jeden Menschen seine „andere Hälfte" oder göttliche Wahl.

Diese beiden sind eins in ihren Gedankenwelten. Sie sind die zwei, „die Gott miteinander verbunden hat, und die kein Mensch scheiden soll (oder kann)."[17]

„Die zwei sollen eins werden"[18], denn der Göttliche Plan im Unbewussten ist bei beiden derselbe.

Affirmation

Ich sage Dank dafür, dass die im Himmel geschlossene Ehe jetzt auf Erden Wirklichkeit geworden ist.

„Die zwei sollen eins werden", jetzt und in alle Ewigkeit.

---

17 In Anlehnung an Markus 10,9
18 In Anlehnung an Markus 10,8

Vergebung

Affirmationen

Ich vergebe jedem und jeder vergibt mir.
Die Türen öffnen sich weit für mein Wohl.

o o o

Ich berufe mich auf das Gesetz der Vergebung.
Ich bin frei von Fehlern und den Konsequenzen aus Fehlern.
Ich lebe unter Gnade und nicht unter dem Karmischen Gesetz.

o o o

Mögen meine Fehler auch scharlachrot sein,
so werde ich weißer gewaschen als Schnee.

o o o

Was nicht im Himmelreich geschehen ist,
ist nirgendwo geschehen.

Worte der Weisheit

Affirmationen und Leitsätze

„Glaube ohne Mut ist tot."

o o o

Zwischen der richtigen Tasse und
der richtigen Lippe fließt es immer.

o o o

Schau niemals hin, sonst springst du nie.

o o o

Gott wirkt seine Wunder
an unvorhergesehen Orten,
durch unerwartete Leute
und zu unvermuteten Zeiten.

o o o

Macht bewegt, wird aber nie bewegt

o o o

Seinen Nächsten zu lieben, bedeutet, ihn nicht
durch Worte, Gedanken oder Taten einzuschränken.

o o o

Stelle nie eine Ahnung in Frage.

o o o

Christoph Kolumbus[19] folgte einer Ahnung.

o o o

Das Himmelsreich ist das Reich perfekter Ideen.

o o o

Vor der Morgendämmerung ist es dunkel,
aber sie ist noch nie ausgefallen.
Verlasse dich auf die Morgendämmerung.

o o o

Wenn du im Zweifel bist, spiele deine Trümpfe
aus und wähle den furchtlosen Weg.

o o o

Es sind die furchtlosen Dinge, die zählen.

o o o

Tue niemals heute,
was dir deine Intuition für morgen aufgibt.

o o o

Das Leben ist großartig, wenn du nicht damit haderst.

o o o

Schätze deinen Nächsten wie dich selbst.

o o o

Stelle dich nie den Ahnungen anderer in den Weg.

o o o

---

19 Christoph Kolumbus: italienischer Seefahrer (1451-1506), der 1492 Amerika entdeckte

Egoismus beschränkt und blockiert.
Jeder liebevolle und selbstlose Gedanke
trägt hingegen den Keim des Erfolgs in sich.

o o o

Werde nicht müde darin, so zu tun, als ob.
Du wirst ernten, wenn du es am wenigstens erwartest.

o o o

Glaube ist elastisch. Dehne ihn bis zur Erfüllung deines Wunsches.

o o o

Bevor du rufst, erhältst du Antwort[20],
denn die Erfüllung geht dem Bedarf immer voran.

o o o

Was du für andere tust, tust du für dich selbst.

o o o

Alles, was man mit Ärger oder Missgunst tut,
bewirkt unerfreuliche Reaktionen und Ergebnisse.

o o o

Kummer und Enttäuschung folgen im
Kielwasser von Falschheit und Täuschung.
Der Weg des Übeltäters ist steinig.

„Nichts, was seinem Wohle dient, wird dem vorenthalten,
der redlich und rechtschaffen lebt."

o o o

---

20   In Anlehnung an Jesaja 65,24

Das Übel besitzt keine Macht.
Es ist nichts, deshalb kann es nur zu nichts führen.

○ ○ ○

Angst und Ungeduld entmagnetisieren.
Selbstvertrauen und Gelassenheit machen magnetisch.

○ ○ ○

Übertöne den denkenden Verstand mit deiner Affirmation.
Josaphat schlug seine Zimbeln, damit
er sich selbst nicht denken hören konnte.

○ ○ ○

Alle Unfreiheit und Knechtschaft ist eine Illusion
des kollektiven menschlichen Bewusstseins.
Es gibt aus jeder Lage einen Ausweg unter Gnade.
Jeder Mensch ist frei, Gottes Willen zu erfüllen.

○ ○ ○

Sich seiner Sache sicher zu sein,
verleiht mehr Kraft als Optimismus.

○ ○ ○

Göttliche Ideen bewirken niemals Konflikte.

○ ○ ○

Es ist gefährlich, auf halbem Wege anzuhalten,
wenn man einer Ahnung folgt.

Der unendliche Geist kommt niemals zu spät.

Glaube

Hoffnung blickt in die Zukunft; Glaube ist sich dessen gewiss, dass er bereits erhalten hat, und handelt entsprechend.

In meinen Kursen betone ich oft, wie wichtig es ist, Gruben zu graben[21] (oder sich auf die Erfüllung des Wunsches vorzubereiten, weil man dadurch aktiven Glauben zeigt und den Wunsch Wirklichkeit werden lässt.)[22]

Ein Mann in einem meiner Kurse, den ich für mich „die Seele der Veranstaltung" nannte, weil er sich ständig bemühte, eine Frage zu stellen, die ich nicht beantworten konnte, was ihm aber nie gelang, fragte mich: „Wie kommt es dann, dass so viele Frauen, die mit Hingabe ihre Aussteuertruhe füllen, trotzdem niemals unter die Haube kommen?" Ich antwortete: „Weil sie zwar hoffen, einen Ehemann zu finden, aber nicht wirklich daran glauben."

Die Braut in spe verletzt außerdem das Gesetz, indem sie anderen davon erzählt. Ihre Freundinnen kommen zu ihr, setzen sich alle auf die Truhe und zweifeln daran, dass es je zu einer Hochzeit kommt, oder wünschen der hoffnungsvollen Braut sogar, dass nichts daraus wird.

„Bete zu deinem Vater im Verborgenen; und dein Vater, der in das Verborgene sieht, wird dir's vergelten öffentlich."[23]

Der Schüler sollte nie über einen Wunsch, dessen Erfüllung er erwartet, reden, bevor er „geliert", also in der äußeren Welt Wirklichkeit geworden ist.

Eine Aussteuertruhe sollte deshalb nicht mit Hoffnung, sondern mit Glauben gefüllt und vor den Blicken Außenstehender verborgen ge-

---
21 In Anlehnung an 2. Könige 3,16 – Elberfelder Bibel 1905
22 Mehr dazu in: „Das Lebensspiel und wie man es spielt"
23 Matthäus 6,6 – Luther-Bibel 1912

halten werden. Außerdem sollte die Braut in spe das Wort für die Göttliche Wahl eines Ehemanns sprechen, der unter Gnade und auf perfekte Weise zu ihr kommt.

Zwei Menschen, die Gott miteinander verbunden hat, kann kein Gedanke trennen.[24]

Affirmationen

Scheinbar widrige Ereignisse wirken zu meinem Wohl,
denn Gott nutzt jede Person und Situation, um meinen
Herzenswunsch in Erfüllung gehen zu lassen.

Kleine Hindernisse sind freundlich
und große Hürden Sprungbretter!
Ich springe jetzt in mein Wohlergehen!

o o o

Da ich eins mit dem ungeteilten Einen bin,
bin ich auch eins mit meinem ungeteilten Wohlergehen.

o o o

So zuverlässig, wie die Nadel des Kompasses
sich nach Norden ausrichtet, so zuverlässig
zieht es zu mir, was mir rechtmäßig zusteht.
Ich bin der Norden!

o o o

---

24 In Anlehnung an Markus 10,9

Ich bin jetzt durch eine unsichtbare, unzerreißbare
magnetische Schnur mit allem verbunden,
was mir nach göttlichem Recht gehört!

∘ ∘ ∘

Dein Reich ist gekommen und Dein Wille geschieht
in mir und allen meinen Angelegenheiten.

∘ ∘ ∘

Jeder Plan, der nicht von meinem Vater im Himmel
aufgestellt worden ist, löst sich jetzt auf und verschwindet,
und der Göttliche Plan meines Lebens verwirklicht sich.

∘ ∘ ∘

Was Gott mir gegeben hat,
kann mir niemals genommen werden,
weil Seine Geschenke für alle Ewigkeit gemacht sind.

∘ ∘ ∘

Mein Glaube ist auf Fels gebaut und
mein Herzenswunsch erfüllt sich jetzt,
unter Gnade und auf wunderbare Weise.

∘ ∘ ∘

Ich sehe mein Wohl in goldenem Glorienschein
und meine Felder reif für die Ernte.

∘ ∘ ∘

Gott ist meine unerschöpfliche und
unmittelbare Quelle für alles Gute.

∘ ∘ ∘

Ich bin bereit und voller Energie, und
meine größten Erwartungen werden
jetzt auf wunderbare Weise Wirklichkeit.

○ ○ ○

Ich wässere meine Wüste mit Glauben,
und plötzlich erblüht sie wie eine Rose.

○ ○ ○

Ich übe meinen furchtlosen Glauben
nun auf dreierlei Weisen aus:
in Gedanken, in Worten und in Handlungen.
Ich bleibe unberührt von äußeren Erscheinungen;
die lösen sich deshalb auf und verschwinden.

○ ○ ○

Standhaft und unerschütterlich bedanke ich mich
dafür, dass mein scheinbar unerfüllbarer Wunsch
nun Wirklichkeit wird, denn ich weiß, mit Gott
ist das leicht zu erreichen, und Seine Zeit ist jetzt.

○ ○ ○

Gottes Pläne sind auf Fels gebaut.
Was von Anfang an meines war,
gehört mir auch jetzt und allezeit.

○ ○ ○

Ich weiß, es gibt nichts, was Gott bezwingen kann,
deshalb gibt es auch nichts, was mich bezwingen kann.

○ ○ ○

Ich warte geduldig auf den Herrn und vertraue auf ihn.
Ich ärgere mich nicht über Übeltäter (denn jeder Mensch
ist ein goldenes Glied in der Kette meines Wohles),
und Er erfüllt mir jetzt meine Herzenswünsche![25]

o o o

Ich habe jetzt den furchtlosen Glauben Christi in mir.
Wenn ich auf sie zugehe, lösen sich Hindernisse auf
und Barrieren verschwinden.

o o o

Ich bleibe unbeirrt und standhaft, denn die Felder
sind schon reif für die Ernte. Mein furchtloser
Glaube an Gott bewirkt, dass der Göttliche Plan
für mein Leben nun Wirklichkeit wird.

o o o

Alle Furcht ist nun verbannt im Namen Jesu Christi, denn
ich weiß, dass es keine Macht gibt, die mir schaden kann.
Gott ist die eine und einzige Macht.

o o o

Ich befinde mich in perfekter Harmonie mit
dem Wirken des Gesetzes, weil ich weiß, dass der
Unendliche Geist weder Hindernisse, noch Zeit,
noch Raum kennt. Für ihn gibt es nur Vollendung.

o o o

---

25   In Anlehnung an Psalm 37

Gott wirkt auf unerwartete und magische Weisen,
um Seine Wunder zu tun.

∘ ∘ ∘

Ich bereite mich jetzt auf die Erfüllung meines
Herzenswunsches vor und zeige Gott damit meinen
Glauben daran, dass er Sein Versprechen halten wird.

∘ ∘ ∘

Ich grabe jetzt meine Gruben tief mit Glaube
und Einsicht, und mein Herzenswunsch
wird mir auf überraschende Weise erfüllt.

∘ ∘ ∘

Meine Gruben werden sich zur rechten Zeit füllen,
mit allem, worum ich gebeten habe und mehr!

∘ ∘ ∘

Gottes Ideen können nicht verschoben werden,
deshalb bleibt, was mir nach Göttlichem
Recht zusteht, für immer bei mir.

Ich bedanke mich dafür, dass mir meine
rechtschaffenen Herzenswünsche nun erfüllt werden.

Berge werden abgetragen, Täler werden aufgefüllt,
und alles, was ungleich ist, wird eben gemacht.[26]

Ich bin im Reich der Erfüllung.

∘ ∘ ∘

---

26 In Anlehnung an Jesaja 40,4

Ich schlage jetzt das Heer der Eindringlinge
(negative Gedanken) in die Flucht. Sie ernähren sich
von Furcht und werden vom Glauben ausgehungert.

o o o

Ich schlage jetzt das Heer der Eindringlinge
(negative Gedanken) in die Flucht. Sie ernähren sich
von Furcht und werden vom Glauben ausgehungert.
Ich habe vollkommenes Vertrauen in Gott,
und Gott hat vollkommenes Vertrauen in mich.

o o o

Gottes Versprechen sind auf Fels gebaut.
Um was ich gebeten habe, das muss ich erhalten.

o o o

Lasse mich nie von meinem Herzenswunsch abweichen.

o o o

Ich beschränke den Heiligen Israels
weder in Worten oder Gedanken, noch in Taten.
Mit Gott ist alles auf einfache Weise und unmittelbar möglich.

o o o

Ich trete jetzt beiseite und beobachte, wie Gott
sein Werk tut. Aufmerksam verfolge ich, wie
rasch und mühelos er die Erfüllung meiner
Herzenswünsche Wirklichkeit werden lässt.

o o o

Bevor ich rief, erhielt ich Antwort, und ich bringe jetzt auf bemerkenswerte Weise meine Ernte ein. ²⁷

o o o

Der über meinen Herzenswunsch wacht,
„schläft und schlummert nicht."²⁸

o o o

Türen öffnen sich, von denen das vorher unmöglich schien, und ungeahnte Kanäle fließen frei, im Namen Jesu Christi.

o o o

Mein Wohl ist eine vollkommene und bleibende Idee im Göttlichen Geist und muss sich verwirklichen, weil es nichts gibt, das dies verhindern kann.

o o o

Ich werfe alle Last auf Christus in mir und bin frei!²⁹

---

27 In Anlehnung an Jesaja 65,24
28 In Anlehnung an Psalm
29 Mehr dazu in: „Das Lebensspiel und wie man es spielt"

Verlust

Wenn ein Mensch etwas verliert, zeigt das, dass er in seinem Unbewussten einen Glauben an Verlust hegt. Wenn er diesen falschen Glauben ausmerzt, taucht das Verlorengegangene oder etwas Gleichwertiges in der äußeren Welt wieder auf.

Ein Beispiel: Eine Frau verlor im Theater einen silbernen Schreibstift. Sie versuchte alles, ihn wiederzubekommen, aber er war von niemandem gefunden und abgegeben worden.

Sie wies den Verlust mit dieser Affirmation ab: „Ich nehme den Verlust nicht an, weil es im Göttlichen Geist keinen Verlust gibt. Deshalb kann ich den Stift nicht verloren haben. Ich werde ihn oder etwas Gleichwertiges zurückbekommen."

Einige Wochen vergingen. Eines Tages war sie bei einer Freundin, die einen wunderschönen goldenen Schreibstift an einem Band um den Hals trug. Die Freundin sagte zu ihr: „Möchtest du diesen Stift haben? Ich habe ihn für fünfzig Dollar bei Tiffany's gekauft."

Die Frau konnte es kaum glauben und antwortete (wobei sie fast vergaß, sich zu bedanken): „Oh, Gott, du bist so wundervoll! Der silberne Stift war nicht gut genug für mich!"

Ein Mensch kann nur verlieren, was ihm nach Göttlichen Recht nicht zusteht, oder was nicht gut genug für ihn ist.

Affirmationen

Im Göttlichen Bewusstsein gibt es keinen Verlust,
deshalb kann ich nichts verlieren,
was mir rechtmäßig zusteht.

Der Göttliche Geist kommt niemals zu spät!
Und er hat Mittel und Wege,
Geschehenes wieder gutzumachen.

o o o

Im Göttlichen Bewusstsein gibt es keinen Verlust,
deshalb kann ich nichts verlieren, was mir gehört.
Es taucht entweder wieder auf
oder ich bekomme etwas Gleichwertiges.

Schulden

Wenn jemand Schulden hat oder andere Leute ihm Geld schulden, zeigt das, dass in seinem Unbewussten ein Glaube an Schulden herrscht.

Dieser Glaube muss neutralisiert werden, um äußere Umstände zu ändern.

Ein Beispiel: Eine Frau kam zu mir, weil ihr ein Mann seit Jahren tausend Dollar schuldete, und sie ihn nicht dazu bringen konnte, ihr das Geld zurückzuzahlen.

Ich sagte: „Sie müssen an sich selbst arbeiten, nicht an dem Mann", und empfahl ihr folgendes Statement: „Ich weigere mich, Schulden anzuerkennen, denn im Göttlichen Bewusstsein gibt es keine Schulden, niemand schuldet mir etwas und alles ist ausgeglichen. Ich sende diesem Mann Liebe und Vergebung."

Wenige Wochen später erhielt sie einen Brief von ihm, in dem er ihr erklärte, er wolle ihr das Geld zurückzahlen, und einen Monat später hatte sie die tausend Dollar tatsächlich wieder.

Wenn ein Schüler jemandem Geld schuldet, ändere ich das Statement entsprechend ab: „Im Göttlichen Bewusstsein gibt es keine Schulden, deshalb schulde ich niemandem etwas, alles ist ausgeglichen. Meine finanziellen Verpflichtungen sind jetzt unter Gnade und auf perfekte Weise alle gelöscht."

Affirmationen

Ich erkenne Schulden nicht an, weil es im
Göttlichen Bewusstsein keine Schulden gibt.
Deshalb schulde ich niemandem etwas.
All meine Schulden sind jetzt unter Gnade
und auf wunderbare Weise getilgt.

° ° °

Ich lehne es ab, Schulden anzuerkennen,
da es im Göttlichen Bewusstsein keine Schulden gibt.
Niemand schuldet mir etwas, alles ist ausgeglichen.
Ich strahle Liebe und Vergebung aus.

Verkäufe

Eine Frau, die in einer ländlichen Kleinstadt lebte, wollte ihr Haus und ihr Mobiliar verkaufen. Es war Winter, und der Schnee lag so hoch, dass es für Autos und Fuhrwerke fast unmöglich war, zu ihrem Haus zu gelangen.

Da Sie Gott gebeten hatte, ihre Möbel der richtigen Person zum richtigen Preis zu verkaufen, machte sie sich wegen der Straßenverhältnisse aber keine Sorgen.

Sie brachte die Möbel auf Hochglanz, rückte sie alle in die Mitte des Raums und bereitete sich darauf vor, sie zu verkaufen.

Sie erzählte: „Ich habe nicht einmal wegen des Schneesturms aus dem Fenster geschaut. Ich habe einfach nur auf Gottes Versprechen vertraut."

Auf wundersame Weisen fuhren trotzdem Leute vor, und ihr gesamtes Mobiliar und das Haus wurden verkauft, ohne dass sie einen Makler dafür bezahlen musste.

Glaube schaut nie wegen des Schneesturms aus dem Fenster, er bereitet sich lediglich auf die Erfüllung dessen vor, worum er gebeten hat.

Affirmation

Ich bedanke mich dafür, dass dieser Gegenstand
(oder diese Immobilie) jetzt an die richtige Person
oder die richtigen Leute zum richtigen Preis verkauft ist,
zur vollen Zufriedenheit aller.

Vorstellungsgespräche

Affirmationen

Auf der Spirituellen Ebene gibt es keinen Konkurrenzkampf.
Was mir zusteht, habe ich unter Gnade erhalten.

———

Ich bin in Liebe mit dem Geist dieser Person
(oder Personen) verbunden. Gott schützt
meine Interessen, und das Ergebnis dieses Treffens
ist die Verwirklichung der Göttlichen Idee.

Hinweise

Auf seinem Lebensweg erhält der Mensch immer wieder Botschaften und Hinweise.

Ein Beispiel: Eine Frau war wegen einer unglücklichen Situation sehr beunruhigt. Sie dachte sich im Stillen: „Wird das jemals aufhören?"

Ihr Dienstmädchen, das neben ihr stand, plauderte munter aus ihrem Leben. Doch die Frau war so mit ihren eigenen Sorgen beschäftigt, dass sie sich nicht dafür interessierte. Trotzdem hörte sie geduldig zu.

Das Mädchen erzählte: „In einem Hotel, in dem ich gearbeitet habe, gab es einen witzigen Gärtner, der immer komische Sachen sagte. Einmal regnete es schon drei Tage lang, und ich sagte zu ihm: 'Was meinen Sie, wird das jemals aufhören?' Und er antwortete: 'Mein Gott, hört es denn nicht jedes Mal irgendwann auf?'"

Die Frau war verblüfft! Das war die Antwort auf ihre Gedanken. Sie sagte ehrfürchtig: „Ja, mit Gott an meiner Seite hört es immer irgendwann auf!" Bald darauf löste sich ihr Problem auf unerwartete Weise auf.

Affirmationen

Unendlicher Geist, gib mir die Weisheit,
das Beste aus meinen Gelegenheiten zu machen
und lass mich nie eine Chance verpassen.

o o o

Ich bin ständig von Inspiration erfüllt. Ich weiß einfach, was
ich zu tun habe, und ich folge meinen intuitiven Hinweisen
ohne zu zögern. Mein Engel der Vorsehung geht
vor mir her und leitet mich auf meinem Weg.

o o o

Alle Kraft ist mir gegeben, um bescheiden und demütig
zu sein. Ich bin bereit, an letzter Stelle zu stehen,
und stehe deshalb an erster![30]

o o o

Ich lege jetzt meinen persönlichen Willen auf den Altar.
Dein Wille, nicht meiner; Dein Weg, nicht meiner;
Deine Zeit, nicht meine – und es ist im Nu vollbracht.

o o o

Im Königreich gibt es keine Geheimnisse. Was immer ich
wissen sollte, wird mir jetzt unter Gnade offenbart.

o o o

Ich bin ein vollkommenes widerstandsloses Instrument
für Gottes Wirken, und Sein perfekter Plan für mich
wird jetzt auf magische Weise ausgeführt.

---

30 In Anlehnung an Matthäus 20,16

Schutz

Affirmationen

Ich bin vom Weißen Licht Christi umhüllt,
durch das nichts Negatives dringen kann.

∘ ∘ ∘

Ich wandle im Licht Christi, und meine
gewaltigen Ängste schrumpfen zu Nichts.

Es gibt nichts, was meinem Wohl entgegensteht.

Gedächtnis

Affirmation

Im Göttlichen Bewusstsein gibt
es keinen Gedächtnisverlust.
Deshalb erinnere ich mich an alles,
was ich im Gedächtnis halten sollte, und
vergesse alles, was nicht meinem Wohl dient.

Der Göttliche Lebensplan

Es gibt für jeden Menschen einen Göttlichen Lebensplan![31]

So, wie das vollkommene Bild der Eiche in der Eichel steckt, befindet sich das Göttliche Muster seines Lebens im Überbewusstsein des Menschen.

Göttliches Design kennt keine Beschränkungen, sondern nur Gesundheit, Wohlstand, Liebe und vollkommene persönliche Entfaltung.

Auf dem Lebensweg des Menschen gibt es immer eine Göttliche Wahl. Der Mensch muss Tag für Tag nach dem Göttlichen Plan leben, oder unerfreuliche Erfahrungen machen.

Ein Beispiel: Eine Frau zog in eine neue Wohnung ein, die sie bereits fast vollständig mit Möbeln ausgestattet hatte, als ihr auf einmal der Gedanke kam: „Auf dieser Seite des Zimmer sollte eine chinesische Vitrine stehen!"

Kurze Zeit später kam sie an einem Antiquitätengeschäft vorbei. Sie schaute hinein und sah eine wunderschöne chinesische Vitrine stehen, die über zwei Meter hoch und mit kunstvollen Schnitzereien versehen war.

Sie betrat den Laden und fragte nach dem Preis. Der Verkäufer sagte, die Vitrine wäre gut und gerne tausend Dollar wert, aber die Frau, der sie gehörte, wäre bereit, sie für weniger abzugeben. Der Mann fügte hinzu: „Was bieten Sie mir dafür?"

Die Frau hielt einen Moment inne, und ihr kamen spontan zweihundert Dollar als Preis in den Sinn. Also antwortete sie: „Zweihundert Dollar." Der Mann sagte ihr, er würde sie wissen lassen, ob die Besitzerin ihr Angebot akzeptierte.

---

31 Mehr dazu in: „Das Lebensspiel und wie man es spielt"

Die Frau wollte niemanden übervorteilen und nichts bekommen, das ihr nicht rechtmäßig zustand, deshalb sagte sie auf dem Nachhauseweg immer wieder vor sich hin: "Wenn die Vitrine meine ist, kann ich sie nicht verlieren, und wenn sie nicht meine ist, will ich sie gar nicht haben." Es schneite anhaltend an diesem Tag und sie verlieh ihren Worten Nachdruck damit, dass sie den Schnee mit dem Fuß schwungvoll beiseite trat, um sich einen Weg zu ihrer Wohnung zu bahnen.

Einige Tage vergingen, dann erhielt sie die Nachricht, dass die Besitzerin damit einverstanden war, ihr die Vitrine für zweihundert Dollar zu verkaufen.

Es gibt Versorgung für jeden Bedarf, von chinesischen Vitrinen bis zu Millionen von Dollar.

„Bevor du rufst, werde ich antworten"[32], doch wenn es sich bei der Vitrine oder den Millionen nicht um die Göttliche Wahl handelt, werden sie niemals Glück bringen.

„Wenn Jehova das Haus nicht baut, vergeblich arbeiten daran die Bauleute."[33]

Affirmationen

Ich folge dem magischen Pfad der Intuition und finde
mich unter Gnade im verheißenen Land wieder.
Mein Geist, mein Körper und meine Angelegenheiten
werden jetzt nach dem Göttlichen Muster in mir geformt.

---

32 In Anlehnung an Jesaja 65,24
33 Psalm 127,1 – Elberfelder Bibel 1905

Ich lasse alles los, was nicht göttlich
für mich vorgesehen ist, und der vollkommene
Plan für mein Leben entfaltet sich vor mir.

o o o

Was mir nach Göttlichem Recht gehört,
kann mir niemals genommen werden.
Gottes vollkommener Plan für mich ist auf Fels gebaut.

o o o

Gott ist die einzige Macht und diese Macht ist in mir.
Es gibt nur einen Plan, den Plan Gottes,
und dieser Plan wird jetzt Wirklichkeit.

o o o

Ich sage Dank dafür, dass ich nun aus der Universellen Substanz all
das schöpfe, was meine rechtschaffenen Herzenswünsche erfüllt.

o o o

Das Göttliche Design meines Lebens verwirklicht sich jetzt. Ich
nehme den Platz ein, den nur ich und niemand sonst ausfüllen
kann, und tue die Dinge, die nur ich und kein anderer tun kann.

o o o

Ich bin für die Verwirklichung des Göttlichen
Plans meines Lebens perfekt ausgestattet und
meiner Lebenssituation souverän gewachsen.

o o o

Alle Türen stehen jetzt für glückliche Überraschungen offen,
und die Verwirklichung des Göttlichen Plans
meines Lebens gewinnt unter Gnade an Fahrt.

Gesundheit

Ein Mensch, der ausgeglichen und glücklich ist, ist gesund! Jegliche Krankheit ist Folge einer Sünde oder einer Verletzung des Spirituellen Gesetzes.

Jesus Christus sagte: „Du bist geheilt, deine Sünden sind dir vergeben."

Missgunst, Verbitterung, Feindseligkeit, Hass, Angst, etc. zerstören Körperzellen und vergiften das Blut.[34]

Unfälle, Altersschwäche und der Tod selbst haben ihren Ursprung in falschen geistigen Bildern.

Wenn der Mensch sich selbst so sieht, wie Gott ihn sieht, wird er zu einem strahlenden Wesen, zeitlos, ungeboren und unsterblich, denn „Da Gott den Menschen schuf, machte er ihn nach dem Bilde Gottes."[35]

---

34 Mehr dazu in: „Das Lebensspiel und wie man es spielt"
35 1. Mose 5,1 – Luther-Bibel 1912

Affirmationen

Ich weise Erschöpfung zurück, denn es gibt nichts, was mich ermüden könnte. Ich lebe im Königreich ewiger Freude und von Interessensgebieten, die mich faszinieren und fesseln.

Mein Körper ist schwingende Energie, zeitlos, unermüdlich, ungeboren und unsterblich. Raum und Zeit sind ausgelöscht!

o o o

Ich lebe im wunderbaren Jetzt, ungeboren und unsterblich! Ich bin eins mit dem Einen!

o o o

Du bist in mir:
ewige Freude,
ewige Jugend,
ewiger Wohlstand,
ewige Gesundheit,
ewige Liebe,
ewiges Leben.

o o o

Ich bin ein spirituelles Wesen – mein Körper ist vollkommen, Ihm gleich und nach Seinem Bild gemacht. Das Licht Christi durchströmt jetzt jede meiner Zellen. Ich sage Dank für meine strahlende Gesundheit.

Augen

Verminderte Sehkraft korrespondiert mit:
- Angst, Furcht und Misstrauen,
- dem (Vorher-)Sehen von Hindernissen,
- der Erwartung, dass sich Unerfreuliches ereignet,
- einem Leben in der Vergangenheit oder der Zukunft, statt im Jetzt.

Affirmationen

Das Licht Christi überflutet meine Augen und ich habe die kristallklare Sicht des Geistes. Ich sehe deutlich, dass es auf meinem Weg keine Hindernisse gibt. Ich habe die Erfüllung meines Herzenswunsches klar vor Augen.

◦ ◦ ◦

Ich habe die Röntgenaugen des Geistes.
Ich blicke durch scheinbare Hindernisse hindurch.
Ich sehe klar und deutlich, wie das Wunder geschieht.

◦ ◦ ◦

Ich sage Dank für meine vollkommene Sicht. Ich sehe Gott in jedem Gesicht und das Gute in jeder Situation.

◦ ◦ ◦

Ich habe die kristallklare Sicht des Geistes und
die offene Straße liegt klar und deutlich vor mir.
Es gibt keine Hindernisse auf meinem Weg,
und ich sehe jetzt Wunder geschehen.

○ ○ ○

Ich habe die kristallklare Sicht des Geistes.
Ich blicke nach oben, nach unten und nach allen
Seiten, denn mein Gutes kommt von
Norden, Süden, Osten und Westen.

○ ○ ○

Meine Augen sind die Augen Gottes,
vollkommen und makellos.
Das Licht Christi flutet meine Augen
und strömt auf meinen Weg.
Ich sehe klar, dass es auf meinem Pfad
keinen Löwen gibt, nur Engel und endlosen Segen.

Anämie

Anämie korrespondiert mit:
- unerfüllten Wünschen und Bedürfnissen,
- Mangel an Lebensglück.

Affirmation

Ich werde vom Geist in mir genährt. Jede Zelle meines Körpers ist von Licht erfüllt.

Ich sage Dank für meine strahlende Gesundheit und mein Lebensglück, das endlos währt.

(Dieses Statement kann im Laufe der Heilung jeder Krankheit angewendet werden.)

Ohren

Schwerhörigkeit und Taubheit korrespondieren mit:
- starkem persönlichen Willen,
- Sturheit und Starrsinn und
- dem Wunsch, bestimmte Dinge nicht zu hören.

Affirmation

Meine Ohren sind die Ohren des Geistes.

Das Licht Christi durchströmt nun meine Ohren
und löst alle Verhärtungen oder Fehlbildungen auf.

Ich vernehme deutlich die Stimme
der Intuition und folge ihr augenblicklich.

Ich höre laut und klar Botschaften großer Freude.

Rheumatismus

Rheumatismus korrespondiert mit:
- ständiger Nörgelei,
- Rechthaberei,
- Kritiksucht und Ähnlichem.

Affirmation

Das Licht Christi durchströmt jetzt mein Bewusstsein und löscht alle giftigen Gedanken aus.

Ich liebe jeden und jeder liebt mich.

Ich sage Dank für meine strahlende Gesundheit und für mein Lebensglück.

Wucherungen

Wucherungen korrespondieren mit:
- Eifersucht,
- Hass,
- Missgunst,
- Angst, etc.

Affirmation

Jede Pflanze, die nicht von meinem Vater im Himmel gepflanzt wurde, wird ausgerissen werden. Alle falschen Ideen in meinem Bewusstsein werden jetzt ausgelöscht. Das Licht Christi durchströmt jede meiner Zellen und ich sage Dank für meine strahlende Gesundheit und mein Lebensglück jetzt und in alle Ewigkeit.

Herzleiden

Herzleiden korrespondieren mit:
- Angst,
- Groll,
- Zorn, etc.

Affirmation

Mein Herz ist eine vollkommene Idee im
Göttlichen Bewusstsein. Es sitzt jetzt am
rechten Fleck und erfüllt seine Aufgabe perfekt.
Es ist ein glückliches, furchtloses und liebevolles Herz.
Das Licht Christi strömt durch jede meiner Zellen,
und ich sage Dank für meine strahlende Gesundheit.

Tiere

Affirmationen

Ich verneine jegliche Erscheinungsform von Unordnung. Dieser Hund ist eine vollkommene Idee im Göttlichen Bewusstsein und repräsentiert jetzt Gottes vollkommene Idee von einem perfekten Hund.

(Der Hund steht beispielhaft für Tiere.)

° ° °

Unendliche Weisheit erleuchtet und leitet dieses Tier. Es ist eine vollkommene Idee im Göttlichen Bewusstsein und jederzeit am richtigen Ort.

Die Elemente

Der Mensch ist Gott ähnlich und nach seinem Bild (Imagination) gemacht, und ihm ist die Macht über alle erschaffenen Dinge gegeben.

Er hat die Macht, „dem Wind und den Wellen zu gebieten"[36], Fluten zu stoppen oder es regnen zu lassen, wenn es nötig ist.

Es gibt einen Stamm amerikanischer Indianer, die in einer Wüstenlandschaft leben und auf die Macht des Gebets angewiesen sind, um Regen auf ihre Felder zu bringen.

Sie veranstalten dazu einen Regentanz, eine Form des Gebets, an dem kein Häuptling teilnehmen darf, der sich vor irgendetwas fürchtet.

Jeder von ihnen muss eine Reihe von Mutproben bestehen, bevor er an den Zeremonien teilnehmen darf.

Eine Frau, die Augenzeugin war, erzählte mir, das sich aus heiterem Himmel ein Regenschauer über das Land ergoss, während die Sonne weiterhin schien.

Feuer

Affirmation

Feuer ist ein Freund des Menschen und immer
am richtigen Ort, um auf rechte Weise zu wirken.

---

36 In Anlehnung an 2. Mose 14,16

Dürre

Affirmation

Im Göttlichen Bewusstsein gibt es keine Dürre.
Ich sage Dank für die richtige Menge Regen, um
dieses Feld oder diesen Garten mit Wasser zu versorgen.
Ich sehe den Regen klar und deutlich
und er verwirklicht sich unmittelbar.

Stürme

Affirmation

Christus in mir gebietet jetzt den Winden
und den Wellen, und es tritt tiefe Ruhe ein.

Ich sehe klar, wie Frieden sich
über Land und Meer ausbreitet.

Reisen

Affirmation

Ich sage Dank für die göttlich geplante Reise,
unter göttlich geplanten Umständen und
mit göttlich geplanter Versorgung.

Verschiedenes

Das, was Sie nicht ausstehen können oder gar hassen, wird Ihnen mit ziemlicher Sicherheit im Leben begegnen, denn wenn ein Mensch hasst, prägt er seinem Unbewussten ein lebhaftes Bild des Objekts seiner Abneigung ein und es wird Wirklichkeit.

Der einzige Weg, solche Bilder zu löschen, ist Widerstandslosigkeit.[37]

Ein Beispiel: Eine Frau interessierte sich für einen Mann, der ihr wieder und wieder von seinen reizenden Cousinen erzählte.

Sie wurde eifersüchtig und gekränkt, und der Mann verschwand aus ihrem Leben.

Später lernte sie einen anderen Mann kennen, den sie sehr attraktiv fand. Im Laufe einer Unterhaltung erwähnte er einige Cousinen, von denen er sehr angetan war.

Sie ärgerte sich zuerst, doch dann lachte sie, als ihr klar wurde, dass ihr ihre alten Feindinnen, „die Cousinen" gerade wieder über den Weg gelaufen waren.

Dieses Mal versuchte sie es mit Widerstandslosigkeit. Sie segnete alle Cousinen im Universum und sandte ihnen Wohlwollen, denn ihr war klar, dass, wenn sie das nicht erledigte, jeder Mann, den sie künftig kennenlernte, Beziehungen mit Frauen haben würde.

Sie hatte Erfolg damit, denn sie hörte nie wieder jemanden Cousinen erwähnen.

Missgunst und negative Erwartungen sind häufig der Grund dafür, dass sich im Leben so vieler Menschen unglückliche Erfahrungen wiederholen.

---

37 Mehr dazu in: „Das Lebensspiel und wie man es spielt"

Ich kannte einmal eine Frau, die mit ihren Sorgen und Problemen förmlich prahlte. Sie erklärte Leuten ständig: „Ich weiß nur zu gut, was Probleme sind!", und erwartete dann Mitleid und Anteilnahme.
Doch je mehr sie ihre Sorgen erwähnte, desto mehr Probleme hatte sie natürlich, weil sie sich durch ihre Worte selbst „verdammte".[38]
Sie hätte ihre Schwierigkeiten mit ihren Worten neutralisieren sollen, anstatt sie zu vervielfachen.
Hätte sie beispielsweise wiederholt affirmiert: „Ich werfe all meine Bürden auf Christus in mir und bin frei!", statt ständig ihre Sorgen in Worte zu fassen, wären diese aus ihrem Leben verschwunden, denn „aus deinen Worten wirst du gerechtfertigt werden."[39]

„Denn alles Land, das du siehst, will ich dir geben."[40]
Der Mensch erntet in der äußeren Welt immer das, was er in seiner Gedankenwelt gesät hat.
Ein Beispiel: Eine Frau, die Geld benötigte, ging die Straße entlang und wiederholte im Stillen die Affirmation, dass Gott ihre unmittelbare Versorgung sei.
Als ihr Blick fiel auf den Boden fiel, entdeckte sie neben ihrem Fuß einen Zweidollarschein, den sie aufhob.
Ein Mann, der ganz in der Nähe stand (ein Wachmann eines Gebäudes), sagte zu ihr: „Meine Dame, haben Sie da gerade Geld aufgelesen? Ich habe es für ein Stück Kaugummipapier gehalten. Eine

---

38 In Anlehnung an Matthäus 12.37
39 In Anlehnung an Matthäus 12.37
40 1. Mose 13,15 – Lutherbibel 1912

Menge Leute sind einfach daran vorbei gegangen, aber als Sie kamen, hat sich der Schein wie ein Blatt am Baum geöffnet."

Die anderen, die Mangel in Gedanken hegten, waren achtlos an dem zerknüllten Schein vorüber gegangen, doch auf die gläubigen Worte der Dame hin, hatte sich der Schein entfaltet.

So ist das mit den Gelegenheiten im Leben – einer sieht sie, ein anderer geht achtlos daran vorbei.

„Glaube ohne Einsatz (oder Aktion) ist tot."[41]

Der Schüler muss, um die Erfüllung seines Gebetes zu verwirklichen, aktiven Glauben zeigen.

Ein Beispiel: Eine Frau kam zu mir und bat mich, das Wort für die Vermietung eines Zimmers zu sprechen.

Ich empfahl ihre folgendes Statement: „Ich danke dafür, dass das Zimmer jetzt vom perfekten Mann zum richtigen Preis gemietet wird, zu seiner und meiner vollen Zufriedenheit."

Einige Wochen verstrichen, doch das Zimmer blieb unvermietet.

Ich fragte sie: „Haben Sie aktiven Glauben gezeigt? Haben Sie sich von Ahnungen und Gefühlen leiten lassen, was die Vermietung des Zimmers betrifft?"

Sie antwortete: „Ich hatte so ein Gefühl, dass ich eine Lampe für das Zimmer kaufen sollte, aber ich habe entschieden, dass ich mir die nicht leisten kann."

Ich erklärte ihr: „Sie werden dieses Zimmer nicht vermietet bekommen, solange Sie nicht diese Lampe haben, denn mit dem Kauf der

---

41 In Anlehnung an Jakobus 2,17 – Elberfelder Bibel 1905

Lampe werden Sie in Ihrem Glauben aktiv und demonstrieren Ihrem Unbewussten, dass Sie sich Ihrer Sache sicher sind."

Ich wollte von ihr wissen: „Was kostet diese Lampe denn?"

Sie antwortete: „Vier Dollar", und ich rief: „Dann stehen zwischen Ihnen und dem perfekten Mieter also nur vier Dollar!"

Sie ließ sich von meiner Begeisterung anstecken und kaufte gleich zwei Lampen.

Etwa eine Woche verstrich, da tauchte der perfekte Mieter auf. Er rauchte nicht, zahlte die Miete im Voraus und erfüllte ihre ideale Vorstellung auch sonst in jeder Weise.

Solange Sie nicht wie ein kleines Kind werden und ihre Gruben graben, werden Sie das Königreich der Manifestation nicht betreten.[42]

„Ohne Vision wird mein Volk untergehen." Wenn der Mensch kein klares Ziel vor Augen hat, kein verheißenes Land, dem er entgegenblickt, beginnt er unterzugehen.

Wir beobachten das oft in ländlichen Kleinstädten bei Männern, die den ganzen Winter um einen Ofen sitzen, und keinerlei Ambitionen haben.

In jedem Menschen liegt ein unentdecktes Land, eine Goldmine.

Ich kannte einen Mann in einer ländlichen Kleinstadt, der den Spitznamen „Magnolien-Charlie" trug, weil er Jahr für Jahr im Frühling die erste Magnolienblüte entdeckte.

---

42 Mehr dazu in: „Das Lebensspiel und wie man es spielt"

Er war Schuhmacher. Doch jeden Nachmittag ließ er seine Arbeit ruhen und ging zum Bahnhof, um den Zug zu erwarten, der dort täglich um sechzehn Uhr fünfzehn aus einer fernen Stadt kommend einfuhr.

Dies waren die beiden einzigen Romanzen in seinem Leben: die erste Magnolien-Blüte und der Sechzehnuhrfünfzehnzug.

Er fühlte vage den Ruf der Vision in seinem Unbewussten.

Es konnte kein Zweifel bestehen, dass Reisen zum Göttlichen Plan für ihn gehörte, und vielleicht war er auf bestem Weg, ein Genie in der Welt der Pflanzen zu werden.

Durch das gesprochene Wort kann der Göttliche Plan ausgelöst und jeder dazu gebracht werden, seine Bestimmung erfüllen.

„Ich sehe nun klar und deutlich den vollkommenen Plan für mein Leben. Göttliche Begeisterung feuert mich an, und ich erfülle jetzt meine Bestimmung."

Die spirituelle Einstellung zum Geld ist die, sich darüber im Klaren zu sein, dass Gott die Versorgung des Menschen ist, und dass der Mensch diese durch seinen Glauben und das gesprochene Wort aus der Fülle der Sphären schöpft.

Sobald er sich dessen bewusst ist, verliert er all seine Gier nach Geld, und kennt beim Ausgeben keine Furcht.

Mit der magischen Geldbörse des Geistes ausgestattet, ist seine Versorgung grenzenlos und erfolgt unmittelbar, und ihm ist klar, dass Geben dem Empfangen vorausgeht.

Ein Beispiel: „Eine Frau kam zu mir und bat mich, das Word für fünfhundert Dollar zu sprechen, die sie zum ersten August brauchte. Das geschah um den ersten Juli herum.

Ich kannte sie sehr gut und sagte: „Dein Problem ist, dass du nicht genügend gibst. Du musst die Kanäle für deine Versorgung durch Geben öffnen."

Sie hatte die Einladung einer Freundin angenommen, sie zu besuchen, wollte aber wegen der förmlichen Atmosphäre in deren Haus eigentlich nicht hinfahren.

Sie sagte: „Bitte behandle mich so, dass ich drei Wochen lang höflich bleibe, denn ich will so schnell wie möglich wieder weg. Und sprich unbedingt das Wort für die fünfhundert Dollar."

Sie fuhr zu ihrer Freundin, war unglücklich und ruhelos, und versuchte ständig abzureisen, wurde aber immer wieder dazu überredet, doch noch zu bleiben.

Sie erinnerte sich aber an meinen Rat, und gab den Leuten um sie herum Geschenke. Wenn immer es möglich war, verschenkte sie kleine Aufmerksamkeiten.

Der erste August rückte näher, doch von den fünfhundert Dollar war weit und breit nichts in Sicht und es gelang ihr nicht, ihren Besuch zu beenden.

Am letzten Julitag sagte sie: „Oh, Gott!, vielleicht habe ich nicht genug gegeben!" Und so gab sie allen Angestellten ein höheres Trinkgeld, als sie eigentlich beabsichtigt hatte.

Am ersten August sagte ihre Gastgeberin zu ihr: „Meine Liebe, ich möchte dir gerne ein Geschenk machen", und reichte ihr einen Scheck über fünfhundert Dollar!

Gott wählt unerwartete Wege, um seine Wunder zu wirken.

Affirmationen und Leitsätze

Gott ist nicht trenn- oder teilbar, und
so ist mein Gutes untrenn- und unteilbar.
Ich bin eins mit meinem ungeteilten Guten.

o o o

Alles, was mir nach Göttlichem Recht zusteht,
wird nun freigesetzt und kommt auf
vollkommene Weise und unter Gnade zu mir.

o o o

Gottes Werk ist nun vollendet und muss sich manifestieren.

o o o

Ich stehe fest im Glauben, und
meine grenzenlose Fülle wird nun manifest.

o o o

Ich bleibe vom äußeren Schein unbeeindruckt. Ich
vertraue auf Gott, und er erfüllt mir nun meine Herzenswünsche.
Mein Gutes erreicht mich auf überraschende Weise.

o o o

Der Göttliche Plan meines Lebens kann nicht manipuliert
werden. Er ist unbestechlich und unzerstörbar, und
wartet nur darauf, von mir anerkannt zu werden.

o o o

Es gibt kein Dort – es gibt nur Hier.

o o o

Offenbare mir den Weg und lass mich den Segen, den
du mir gegeben hast, klar und deutlich erkennen.

○ ○ ○

Lass Deinen gesegneten Willen heute in mir geschehen.

○ ○ ○

Vorahnungen sind meine Hunde des Himmels;
sie leiten mich auf vollkommene Weise.

○ ○ ○

Alle Dinge, die ich suche, suchen jetzt nach mir.

○ ○ ○

Göttliche Aktivität wirkt jetzt in meinem Bewusstsein,
meinem Körper und meinen Angelegenheiten,
ob ich das wahrnehme oder nicht.

○ ○ ○

Da ich eins mit der alleinigen Präsenz bin, bin ich auch
eins mit der Erfüllung meiner Herzenswünsche.

○ ○ ○

Ich verfüge jetzt über das „eine Auge" des Geistes
und sehe nur Vollendung.

○ ○ ○

Ich bin eine vollkommene Idee im Göttlichen Bewusstsein,
und ich bin immer am richtigen Ort,
erledige meine Aufgaben, die mir liegen,
rechtzeitig und gegen angemessene Bezahlung.

○ ○ ○

Der Kolumbus in mir wird mir beistehen.

° ° °

Ich bin ein unwiderstehlicher Magnet für Schecks,
Banknoten und Münzgeld – für alles,
was mir nach Göttlichem Recht zusteht.

° ° °

Du in mir bist Erfüllung.
Warum ich gebeten habe, muss ich erhalten.

° ° °

Das Gesetz Gottes ist das Gesetz des Wachstums,
und ich sage Dank für meine Entfaltung
unter Gnade und auf vollkommene Weise.

° ° °

Ich schwelge in einem Meer der Fülle. Ich sehe
deutlich meine unerschöpfliche Versorgung.
Ich erkenne klar, was genau zu tun ist.

° ° °

Meine „Welt des Wundersamen" manifestiert sich jetzt,
und ich betrete mein Verheißenes Land unter Gnade!

° ° °

Ich habe großen Frieden, da ich Dein Gesetz
der Widerstandslosigkeit liebe, und
nichts wird mich verletzen oder kränken.

° ° °

Du in mir bist Inspiration, Offenbarung und Erleuchtung.

Nichts ist zu gut, um wahr zu sein

Nichts ist zu wundervoll,
um zu geschehen.
Nichts ist zu gut,
um von Dauer zu sein.

Ausklang

Wählen Sie die Affirmation, die Ihnen am meisten zusagt, und „schwingen" Sie sie über die Situation, mit der Sie sich konfrontiert sehen.
Sie ist Ihr Zauberstab, denn Ihr Wort ist Gott in Aktion.

„Also wird mein Wort sein, das aus meinem Munde hervorgeht; es wird nicht leer zu mir zurückkehren, sondern es wird ausrichten, was mir gefällt, und durchführen, wozu ich es gesandt habe."[43]

„ Ich sage aber: Haben sie es nicht gehört? Wohl, es ist ja in alle Lande ausgegangen ihr Schall und in alle Welt ihre Worte."[44]

---

43 Jesaja 55,11 – Elberfelder Bibel 1905
44 Römer 10,18 – Luther-Bibel 1912

Über die Autorin

Florence Scovel Shinn wurde am 24. September 1871 in Camden (New Jersey, USA) geboren. Ihre Schul- und Studienzeit verbrachte sie in Philadelphia (Pennsylvania), wo sie an der *Pennsylvania Academy of the Fine Arts* studierte und nebenbei ihren zukünftigen Ehemann, den Künstler Everett Shinn kennenlernte.

Nach ihrer Heirat zogen die beiden gemeinsam nach New York, wo sie in einem Studio-Apartment lebten. Everett baute gleich nebenan ein kleines Theater für Florence und schrieb drei Stücke, in denen sie jeweils eine Hauptrolle spielte. Parallel dazu arbeitete Florence als erfolgreiche Illustratorin, die vor allem Kindermagazine und -bücher bebilderte.

1912 erfuhr ihr Leben einen deutlichen Einschnitt, als ihr Ehemann sich von ihr trennte und scheiden ließ.

Die gescheiterte Ehe veranlasste Florence, ihr Leben gründlich zu überdenken und neu zu bewerten. Auf der Suche nach Antworten stieß sie auf die New Thought-Bewegung, von der sie so angetan war, dass sie nach kurzer Zeit New Thought-Lehrerin wurde und Kurse und Seminare leitete.

1925 veröffentlichte sie ihr erstes Buch *The Game of Life and How to Play It* (*Das Lebensspiel und wie man es spielt*) – in Eigenregie, weil sie erst einmal keinen Verlag dafür fand.

1928 veröffentlichte sie unter dem Titel *Your Word is Your Wand* (*Dein Wort hat Macht und Magie*) ihr zweites Buch. Das dritte und offiziell letzte erschien 1940, kurz vor ihrem Tod: *The Secret Door to Success* (*Die verborgene Tür zum Erfolg*).

Alle drei Bücher verbindet eine zentrale Aussage: dass der Mensch mit seinen Gedanken und Worten nicht nur seine innere Befindlichkeit, sondern seine Lebensumstände in der äußeren Welt beeinflusst und verändert – entweder bewusst, oder unbewusst und damit dem vermeintlichen Zufall ausgeliefert.

Florence Scovel Shinn vermittelt das Wissen, wie sich das Leben bewusst gestalten lässt, auf simple Weise und in einem Rahmen, der für den Leser nachvollziehbar und glaubwürdig ist.

Florence Scovel Shinn starb am 17. Oktober 1940.

Auch über siebzig Jahre nach ihrem Tod, sind ihre Ansichten und Vorstellungen heute noch aktuell und lebendig. Viele bekannte spirituelle Autor(inn)en und Lehrer(innen) unserer Tage sind erklärt oder offenkundig von Florence Scovel Shinns Werken und dem darin vermittelten Weltbild beeinflusst.

„Die meisten Menschen halten das Leben für einen Kampf, doch es ist kein Kampf, sondern ein Spiel. Erfolgreich spielen kann dieses Spiel nur, wer die Regeln kennt."

Florence Scovel Shinn erklärt in ihrem Erstlingswerk diese Regeln mit einfachen Worten und leicht verständlich anhand von Beispielen aus ihrer täglichen Praxis.

Sie verrät Ihnen, wie Sie Ihre persönlichen Lebensumstände nach Ihren Vorstellungen und Wünschen verändern können.

Sie wünschen sich Gesundheit, Wohlstand, Freunde, Liebe, ein sinnvolleres Leben? Wenn Sie die einfachen spirituellen Regeln beachten, die Ihnen dieses Buch vermittelt, ist alles möglich!

Das Lebensspiel und wie man es spielt (The Game of Life and How to Play It)
Klassiker der bekannten New Thought-Autorin Florence Scovel Shinn in neuer Übersetzung
Paperback: 978-3-8423-4873-8 – Hardcover: 978-3-7386-2581-3 – E-Book: 978-3-8448-5776-4

Warum haben manche Leute Erfolg, so viele andere aber nicht? Dieser Frage geht Florence Scovel Shinn auch in diesem, ihrem dritten, Buch nach.

Erfolgreiche Menschen unterscheiden sich von erfolglosen im wesentlichen in einem Aspekt: ihrem Denken.

Um durch die „verborgene Tür" zum Erfolg zu gelangen, braucht es nicht mehr, als dass Sie Ihre hinderlichen Denkmuster durch erfolgsorientierte ersetzen, einige Verhaltensweisen korrigieren und Ihre Erwartung an das Leben ändern.

Sie lernen, in jeder Lebenslage das Beste zu erwarten und sich aktiv darauf vorzubereiten. Sie beginnen Ihrer Intuition zu vertrauen und zu folgen, und den Verstand, wo

er als Verhinderer auftritt, in die Schranken zu weisen. Und nach und nach werfen Sie all die Bürden ab, die Sie schon lange mit sich herum schleppen. So öffnen Sie die „verborgene Tür" und treten ein in ein Leben, das mehr zu bieten hat, als das, mit dem Sie zur Zeit nicht wirklich zufrieden sind.

Tom Butler-Bowdon zählt "The Secret Door of Success" zu den 50 wichtigsten Klassikern der Erfolgsliteratur.

Die verborgene Tür zum Erfolg (The Secret Door of Success)
Klassiker der bekannten New Thought-Autorin Florence Scovel Shinn in neuer Übersetzung
Paperback: 978-3-7412-2291-7 – E-Book: 978-3-7412-7833-4

Mit seinem Buch *Wie wir denken, so leben wir* (As A Man Thinketh) liefert James Allen nichts Geringeres als einen Schlüssel zu einem selbstbestimmten Leben. Dabei macht er kein Geheimnis daraus, dass er diesen Schlüssel nicht selbst „erfunden" hat. Vielmehr hat er ihn wiederentdeckt: in alten Schriften wie der Bibel und dem Dhammapada (einer Anthologie von Aussprüchen des historischen Buddha), in traditionellen westlichen und östlichen Philosophien und Denkweisen.

Was er schließlich zu Papier brachte, beruhte auf den Erkenntnissen, die er aus diesen Lehren gezogen hat, und vor allem auf seinen persönlichen Erfahrungen. Denn James Allen war alles andere als ein Theoretiker.

Er hat sich kurz gefasst, und das ist ein Vorteil, denn ein Buch wie dieses liest man nicht einmal, sondern mehrmals, bis das vermittelte Wissen sich dem Unbewussten eingeprägt hat und zur verlässlichen Grundlage des eigenen Denkens und Handelns geworden ist.

Wie wir denken, so leben wir (As A Man Thinketh)
Klassiker des bekannten Autors James Allen in neuer deutscher Übersetzung
BoD – Paperback: 978-3-7322-4960-2 – E-Book: 978-3-7322-2180-6

Vielleicht geht es Ihnen ähnlich, wie vielen Menschen: Sie haben finanzielle Sorgen, die Sie nachts nicht schlafen lassen, und sehnen sich nach Wohlstand. Sie fühlen sich müde und ausgelaugt und wären gerne wieder so fit und voller Energie, wie noch vor ein paar Jahren als Kind. Sie wünschen sich Erfolg, doch Ihre Lebensumstände lassen das einfach nicht zu. Und was auch immer Sie unternehmen, um Ihre Situation zu verbessern, misslingt.

Sie sind mit Ihrem Leben unzufrieden.

James Allen verrät Ihnen in diesem Buch, wie und warum man in widrige Lebensumstände gerät und erklärt, wie man sich aus eigener Kraft daraus befreien kann.

Er zeigt Ihnen, wie Sie sich vom vermeintlichen Spielball des Schicksals zu einer Persönlichkeit entwickeln, die ihre Lebensumstände selbst kontrolliert und steuert.

Wenn Sie Ihr Leben verändern wollen, ist heute der beste Tag, damit zu beginnen. Nehmen Sie James Allens Einladung an und folgen Sie ihm auf dem Weg zu Glück und Wohlstand.

Der Weg zu Glück und Wohlstand (The Path of Prosperity)
Klassiker des bekannten Autors James Allen in neuer deutscher Übersetzung
BoD – Paperback: 978-3-7347-5725-9 – E-Book: 978-3-7392-5964-2